Diethard Lübke

# Satzglieder, Sätze

# Lernen und Üben

Ein Lernprogramm

VERLAG MORITZ DIESTERWEG
Frankfurt am Main

ISBN 3-425-01283-5

© 1995 Verlag Moritz Diesterweg GmbH & Co., Frankfurt am Main.
Alle Rechte vorbehalten. Das Werk und seine Teile sind urheberrechtlich geschützt.
Jede Verwertung in anderen als den gesetzlich zugelassenen Fällen bedarf deshalb
der vorherigen schriftlichen Einwilligung des Verlags.

Illustrationen: Thomas Dankoff, Wiesbaden
Satz: Fotosatz Otto Gutfreund GmbH, Darmstadt
Druck und Verarbeitung: Buchdruckerei Zechner, Speyer

# Ein Wort zuvor

Wer die eigene Muttersprache richtig kennenlernen möchte, der sollte die grammatischen Grundbegriffe sicher beherrschen. Diese Kenntnisse sind die Voraussetzung für das richtige Schreiben (z. B. Groß- und Kleinschreibung) und für die richtige Zeichensetzung (z. B. Kommas).

Die sichere Beherrschung der grammatischen Grundbegriffe erleichtert außerdem das Lernen der Fremdsprachen (Englisch, Französisch, Lateinisch, ...)

In diesem Heft lernst du alles über die Satzglieder und Gliedsätze: Subjekt, Prädikat, Objekt, ...

# Arbeitsanleitung zu den Übungen

*1. Durchgang:*

Alle Übungen sollen schriftlich gemacht werden.
(Wem dieses Heft **nicht** gehört, sollte die Texte und Lösungen in ein Heft schreiben.)

Erst nach dem selbständigen Lösen der Übungen sollte der Lösungsbogen zur Hand genommen werden, um die Richtigkeit der gefundenen Lösungen zu überprüfen.
(Der Lösungsbogen befindet sich am Schluß dieses Heftes.)

*2. Durchgang:*

In regelmäßigen Abständen sollten die Übungen wiederholt werden.
Dazu benutzt man ein unbeschriebenes Exemplar dieses Übungsbuches und löst die Übungen aus dem Kopf.

Viel Erfolg!

## *Satzglied,* Satzteil — 4

Skateboard-Fahrer zeigen ihre Geschicklichkeit auf der Straße.

# Satzglied

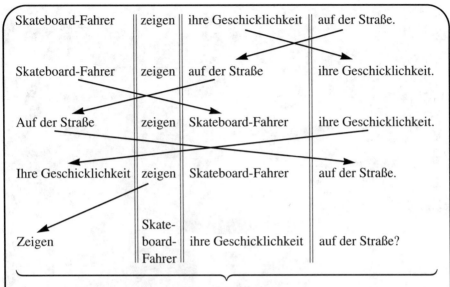

vier Satzglieder

Ein **Satzglied** ist eine selbständige Einheit eines Satzes.

Was ein Satzglied ist, kann man mit der Verschiebeprobe* feststellen:
Teile des Satzes, die man nur gemeinsam verschieben kann, sind Satzglieder.
(Ausnahme: Attribut → Seite 40)

*Aus wie vielen Satzgliedern bestehen diese Sätze?*

Nachmittags geht Peter mit seinem Skateboard in die Stadt.
     *Dieser Satz besteht aus _____ Satzgliedern.*

Viele Jugendliche treffen sich zum Skateboard-Fahren auf dem Rathausplatz.
     *Dieser Satz besteht aus _____ Satzgliedern.*

Die Passanten staunen über die Skateboard-Fahrer.
     *Dieser Satz besteht aus _____ Satzgliedern.*

*Man sagt auch „Umstellprobe" oder „Satzgliedprobe".

## Subjekt, Satzgegenstand — 6

Die Mädchen laufen.
Sie laufen schnell.
Zu gewinnen ist das Ziel aller.
Wer am schnellsten läuft, wird bewundert.

*Unterstreiche die Subjekte:* Die Mädchen... Sie... Zu gewinnen...
Wer am schnellsten läuft...

---

Nach dem **Subjekt** fragt man: **Wer oder was...?**
(Das Subjekt steht immer im Nominativ.)

Subjekt kann sein:
– Nomen: *Die Mädchen...*
– Pronomen: *Sie...*
– Infinitiv: *Zu gewinnen...*
– Satz (Subjektsatz → Seite 10): *Wer am schnellsten läuft...*

**1** *Unterstreiche die Subjekte. Wie fragt man nach ihnen?*

Der <u>Esel</u> ist ein dummes Tier,
der **E**lefant kann nichts dafür.

Die **L**erche in die Lüfte steigt,
der **L**öwe brüllt, wenn er nicht schweigt.

Die **U**nke schreit im Sumpfe kläglich,
der **U**hu schläft zwölf Stunden täglich.

(Wilhelm Busch)

| Subjekt: | Frage danach: |
|---|---|
| *Esel* | *Wer oder was ist ein dummes Tier?* |
| | |
| | |
| | |
| | |

**2** *Unterstreiche die Subjekte. Wie fragt man nach ihnen?*

Die Schülerinnen und Schüler machen eine Klassenfahrt nach Heidelberg. Alle Schüler kaufen sich Ansichtskarten vom Schloß, um sie zu verschicken.
„Warum schickst du eine unbeschriebene Postkarte an deine Freundin, Silke?" fragt die Lehrerin.
„Vor der Klassenfahrt hatte ich Streit mit ihr, und seitdem reden wir nicht mehr miteinander."

| Subjekt: | Frage danach: |
|---|---|
| | |
| | |
| | |
| | |
| | |

3  Wie lauten die fehlenden Subjekte?

_____

**Unterricht**
**Erteile** Nachhilfe in Englisch, (Einzelunterricht) für alle Klassen. ☎ ~~0357-46~~

_____

Suche ständig gute
**Gebrauchtmöbel**
Übernehme auch
Haushaltsauflösungen
**Bönkes**

_____

Suchen per sofort
**weibl. Bedienungspersonal**
(Aushilfskräfte)

4  Unterstreiche die Subjekte, und schreib sie heraus.

**Ungleich verteilt** ist derzeit der Sonnenschein in Deutschland. Während zum Wochenbeginn sommerliche Temperaturen um 28 Grad die Wasserratten in Baden-Württemberg in die Freibäder lockten, konnten die „Nordlichter" kaum den Regenschirm aus der Hand legen. Das regnerisch-schwüle Wetter soll nach Angaben des Deutschen Wetterdienstes weiter anhalten.

## 9 — Subjekt

**5** *Unterstreiche die Subjekte, schreib sie heraus, und gib die Wortart an.*

Aufsatz einer Schülerin:
Eines Tages ritt ich auf meinem Pferd *Zampa* im Wald. Auf dem Rückweg galoppierten wir. Plötzlich bemerkte ich, daß ein dicker Ast von einem Baum über den Weg ragte. Ich wollte *Zampa* stoppen. Vergeblich! Ich duckte mich, doch es war zu spät! Ich stieß mit dem Kopf gegen den Ast, fiel vom Pferd und war bewußtlos.
Ich erwachte im Krankenhaus. An meinem Bett saßen meine Eltern, mein Bruder und meine Freundin. Sie erzählte: „Ich habe *Zampa* gesehen. Er galoppierte schweißgebadet an mir vorbei. Er war gesattelt, aber ohne Reiter. Da habe ich deine Eltern benachrichtigt, sie haben dich schließlich gefunden."
„Was habe ich denn?" fragte ich.
Meine Eltern sagten: „Du hast eine Gehirnerschütterung." Ich bedankte mich bei meiner Freundin: „Ohne deine Aufmerksamkeit läge ich immer noch im Wald. Du hast mich gerettet. Du bist meine beste Freundin."

*ich (Pers. Pron)*

**6** *Unterstreiche die Subjekte, und gib die Wortart an.*

Kluge Sprüche:                                                    Nomen   Pronomen   Verb

<u>Jeder</u> ist seines Glückes Schmied.                                 ○        ⊠         ○
Morgenstund' hat Gold im Mund.                                    ○        ○         ○
Eine Schwalbe macht noch keinen Frühling.                         ○        ○         ○
Sich regen bringt Segen.                                          ○        ○         ○
Frisch gewagt, ist halb gewonnen.                                 ○        ○         ○
Aller Anfang ist schwer.                                          ○        ○         ○
Schuster bleib' bei deinen Leisten.                               ○        ○         ○
Der Apfel fällt nicht weit vom Stamm.                             ○        ○         ○
Rosen, Tulpen, Nelken, alle Blumen welken.                        ○        ○         ○
Nur die eine Blume (welkt) nicht,                                 ○        ○         ○
und die heißt Vergißmeinnicht.                                    ○        ○         ○

# Subjektsatz — 10

„Früh übt sich, wer ein Meister werden will." Auch wenn das Instrument noch ein wenig groß ist, Spaß macht das Musizieren auch den Kleinen.

*Unterstreiche den Subjektsatz:* ... wer ein Meister werden will.

---

Nicht nur einzelne Wörter, sondern auch Sätze können „Subjekt" sein. (Diese Sätze heißen **Subjektsätze**.)
    *Früh übt sich <u>Melanie</u>.*
        *(Melanie ist Subjekt.)*
    *Früh übt sich <u>die Schülerin</u>.*
        *(die Schülerin ist Subjekt.)*
    *Früh übt sich, <u>wer ein Meister werden will</u>.*
        *(... wer ein Meister werden will ist Subjektsatz.)*

**1** *Unterstreiche die Subjektsätze.*

Wer nicht hören will, muß fühlen.
Wer A sagt, muß auch B sagen.
Wer andern eine Grube gräbt, fällt selbst hinein.
Wer rastet, rostet.
Wer nichts gelernt hat, kann auch nichts vergessen.

**2** *Findest du in den Texten die Subjektsätze?*
*Unterstreiche die Subjektsätze zweimal, alle anderen Subjekte nur einmal.*

### ■ HAUSTIERE

Wer Haustiere hält, ist weniger oft krank. Diese Erkenntnis teilte ein Forschungsteam der britischen Cambridge-Universität nach zweijähriger Forschung mit.

In Australien brechen harte Zeiten für Katzen und Kater an. Dort hat der Landrat von Sherbrook jetzt nach monatelangem Streit das erste nächtliche Ausgehverbot für Katzen verhängt. Damit soll verhindert werden, daß die Tiere in einem 80 Hektar großen Natur- und Vogelschutzgebiet der Stadt zwischen 20 und 6 Uhr auf Jagd gehen. Wer sich nicht daran hält, muß mit umgerechnet 130 DM Geldstrafe rechnen.

Der Mai ist gekommen, die Bäume schlagen aus,
da bleibe, wer Lust hat, mit Sorgen zu Haus!
Wie die Wolken dort wandern am himmlischen Zelt,
so steht auch mir der Sinn in die weite, weite Welt.
(Emanuel Geibel)

„Da sieht man wieder einmal, wie die Zeitungen lügen. Hier steht, daß eine Frau in London tausend Pfund verloren hat! So dicke Frauen gibt es doch gar nicht."

Zwei Strafgefangene lesen die Zeitung:
„Hier steht, daß der Ätna ausgebrochen ist. Was sagst du dazu?"
„So? Haben sie ihn schon erwischt?"

*(In dieser Übung stehen insgesamt _____ Subjektsätze.)*

# Prädikat, Satzaussage, verbales Satzglied — 12

Wo ist der Hund geblieben? Nicole will ihn rufen.
Aber er kommt von allein zurück.
Er liebt sein Frauchen. Er gibt „Küßchen".

*Unterstreiche die Prädikate:* ist... geblieben, will... rufen, kommt...
zurück, liebt, gibt.

---

Nach dem **Prädikat** fragt man: **Was tut...?**
(Das Prädikat ist immer ein Verb.)

Das Prädikat kann aus zwei Teilen bestehen:
– aus der Personalform* und dem Partizip
  *ist... geblieben*
– aus der Personalform und dem Infinitiv
  *will... rufen*
– aus der Personalform und dem Verbzusatz (trennbare Vorsilbe)
  *kommt... zurück*

Wenn die beiden Teile des Prädikats durch andere Satzglieder voneinander getrennt sind, nennt man das: Satzklammer (verbale Klammer, Verbklammer, Prädikatsklammer).

---

*Andere Bezeichnungen dafür: finite Verbform, konjugierte Verbform.

# Prädikat

**1** *Welches Prädikat paßt zu welchem Subjekt?*

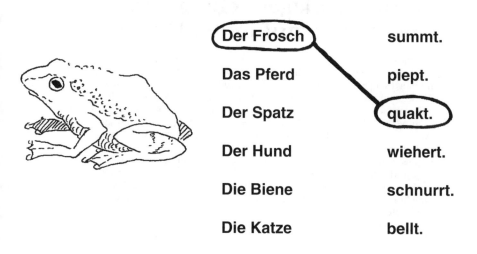

| | |
|---|---|
| **Der Frosch** | summt. |
| **Das Pferd** | piept. |
| **Der Spatz** | quakt. |
| **Der Hund** | wiehert. |
| **Die Biene** | schnurrt. |
| **Die Katze** | bellt. |

**2** *In den folgenden Sätzen fehlen die Prädikate. Ergänze sie.*

Esther und Daniela _____ Freundinnen.

Sie _____ in dieselbe Klasse.

Esther _____ besonders gut in Sport.

Ihre Freundin _____ gern Bücher.

Sie _____ gute Deutschaufsätze.

Beide Mädchen _____ sich bei den Schularbeiten.

Sie _____ auch nachmittags oft zusammen.

In den Ferien _____ beide oft _____ . (gehen – schwimmen)

Esther _____ auch _____ . (können – surfen)

Daniela _____ ihrer Freundin dabei _____. (zusehen)

*Prädikat* — 14

**3** Welche Prädikate gehören zu den Subjekten?

# Drachenflieger schlug Adler bei Luftkampf in die Flucht

dpa **Innsbruck.** Ein ausgewachsener Adler hat im Tannheimer Tal (Tirol) in 2800 Meter Höhe einen Drachenflieger während einer internationalen Flugmeisterschaft attackiert. Womit der König der Lüfte wohl nicht gerechnet hatte: Der Hobbypilot startete einen Gegenangriff und schlug den Raubvogel in die Flucht. Der Innsbrucker Drachenflieger konnte trotz beschädigten Fluggerätes unverletzt landen.

Als einer von 80 Teilnehmern der Meisterschaft flog der Drachenflieger wahrscheinlich durch das Revier des Adlers, der sich dadurch bedroht fühlte. Bei mehreren Angriffen schlug der Raubvogel Stoffstücke aus dem Obersegel. Dabei verfing er sich und stürzte sich erneut auf den Drachen. Erst als der Tiroler Flieger zum Gegenangriff ansetzte, suchte der Adler sein Heil in der Flucht.

| Subjekt: | Prädikat: |
|---|---|
| Drachenflieger | schlug |
| Adler | |
| König der Lüfte | |
| Hobbypilot | a) |
| | b) |
| Innsbrucker Drachenflieger | |
| der Drachenflieger | |
| der Raubvogel | |
| er | a) |
| | b) |
| Flieger | |
| Adler | |

*(In diesem Text kommen _____ zweiteilige Prädikate vor.)*

**4** Welche Prädikate gehören zu den Subjekten?

## Naht geplatzt – Heißluftschiff mußte notlanden

liby **Traunstein**

Bei Vachendorf im oberbayerischen Landkreis Traunstein mußte am Wochenende ein Heißluftschiff notlanden.

Der Pilot hatte nach einem heftigen Ruck bemerkt, daß die Naht der Hülle auf einer Länge von vier Metern eingerissen war, berichtete die Polizei. Der Mann heizte nach und konnte so mit der Zufuhr heißer Luft die Sinkgeschwindigkeit erheblich vermindern. Die unsanfte Notlandung glückte auf einer Wiese. Der Pilot und eine Begleiterin blieben unverletzt. An dem Heißluftschiff entstand ein Sachschaden von 40 000 Mark.

| Subjekt: | Prädikat: |
|---|---|
| Heißluftschiff | _____ |
| Pilot | _____ |
| Naht | _____ |
| Polizei | _____ |
| Mann | a) _____ |
|  | b) _____ |
| Notlandung | _____ |
| Pilot und eine Begleiterin | _____ |
| Sachschaden | _____ |

*(In diesem Text kommen _____ zweiteilige Prädikate vor.)*

**5** In den Anzeigen sind die zweiteiligen Prädikate unvollständig. Ergänze sie.

8 Wochen alte
**Kätzchen zu verschenken**
(gelb und grau getigert)

Zutraulicher langgebauter dunkler
**RAUHHAARDACKEL**
am 10. Juli gegen 22.00 Uhr entlaufen. Gute Belohnung.

**Koch**
gesucht, hoher Lohn. Wohnung vorhanden.
☎ 02 51

## Prädikativ, Gleichsetzungsgröße — 16

„Ich bin der Sohn des Pharaos. Wer bist du?"
„Ich bin die Tochter der Göttin Isis."
„Du bist schön. Ich bin wie geblendet von deiner Schönheit.
Mein Wunsch ist, daß du meine Frau wirst."
„Auch mein Wunsch ist, deine Frau zu werden."

*Unterstreiche die Prädikative:* ... der Sohn. Wer... ... die Tochter. ...schön. ... wie geblendet von deiner Schönheit. ...daß du meine Frau wirst. ...deine Frau zu werden.

---

Das Prädikat kann aus den Verben *sein, werden, heißen, scheinen,...* und einem **Prädikativ** bestehen.

Das Prädikativ kann sein:
- Nomen*: ... *der Sohn (des Pharaos)*, ... *die Tochter (der Göttin)*
- Pronomen: *Wer...*
- Adjektiv: ... *schön.*
- Vergleich: ... *wie geblendet von deiner Schönheit.*
- Infinitiv: ... *(deine Frau) zu werden.*
- Satz (Prädikativsatz): ... *daß du meine Frau wirst.*

Prädikativ kann auch sein:
- Numerale: Wir sind nur *zwei*.
- Adverb: Die Sache ist ganz *anders*.

---

*Ein Nomen, das als Prädikativ gebraucht wird, heißt **Prädikatsnomen** oder **Gleichsetzungsnominativ**.

**1** *Unterstreiche jedes Prädikativ, und zeichne um das dazugehörende Verb ein Kästchen.*

Diese Statue der Nofretete ist weltberühmt.
Nofretete war eine schöne Frau.
Sie wurde die Gemahlin des Pharaos Amenophis.
Sie war die Mutter (oder Schwiegermutter) des Pharaos Tut-Ench-Amon, dessen reiches Grab 1920 gefunden wurde.
Das steht in dem Buch „Götter, Gräber und Gelehrte", das sehr spannend ist.

Unser Mathe-Genie

**2** *Unterstreiche jedes Prädikativ, und zeichne um das dazugehörende Verb ein Kästchen.*

**Mathe-Genie**
Robert Kirchgessner, Abiturient aus Osnabrück, ist einer von 14 Preisträgern des „Bundeswettbewerbs Mathematik". Der 19jährige kam erst vor fünf Jahren mit seiner Familie aus Kasachstan nach Deutschland. Er scheint besonders begabt zu sein: Er lernte innerhalb kürzester Zeit Deutsch, Englisch, Französisch sowie Latein und wurde der Beste in Mathematik. Bei der Ehrung durch die Stadt Osnabrück berichtete der Schüler, er sei ein gefragter Ratgeber für seine Mitschüler, „denn im Unterricht habe ich es eben etwas leichter".

## Prädikativ — 18

**3** *Unterstreiche in jedem Satz das Prädikativ, und bestimme es.*

Das Mädchen heißt <u>Petra</u>.     *Nomen*

Petra ist Schülerin der Klasse 7.

Sie ist gut in der Schule.

Michael ist ihr Freund.

Michael ist das, was man einen
„guten Kumpel" nennen kann.

Petra wird Tierärztin.

Michaels Absicht ist, Pilot zu werden.

**Schluckimpfung
ist süß
Kinderlähmung
ist grausam**

**4** *Unterstreiche in jedem Satz das Prädikativ, und bestimme es.*

Die beiden Enkelkinder betteln:

„Oma, sei lieb und spiel mit uns!"

„Was wollt ihr denn spielen?" fragt die Oma.

„Zoo!! Wir sind die Affen, und du
bist die gute alte Frau, die die Affen mit
Schokolade und Bananen füttert!"

**Scherzfrage:**

„Was ist flüssiger als Wasser?"

„..."

„Schularbeiten! Die sind überflüssig."

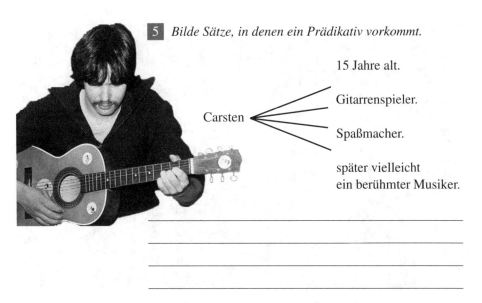

**5** *Bilde Sätze, in denen ein Prädikativ vorkommt.*

Carsten — 15 Jahre alt. / Gitarrenspieler. / Spaßmacher. / später vielleicht ein berühmter Musiker.

_____
_____
_____
_____
_____

## Subjekt – Prädikatsnomen

Sowohl nach dem Subjekt als auch nach dem Prädikatsnomen fragt man:
**Wer oder was…?**

Carsten ist ein guter Sänger.
**Wer oder was** ist Carsten? – Ein guter Sänger. (Prädikatsnomen)
**Wer oder was** ist ein guter Sänger? – Carsten. (Subjekt)

**6** Carsten wird wahrscheinlich Musiker.

    Subjekt: _____

    Prädikatsnomen: _____

Sein Vater ist Lehrer.

    Subjekt: _____

    Prädikatsnomen: _____

Sein Großvater war Kaufmann.

    Subjekt: _____

    Prädikatsnomen: _____

# Objekt, Satzergänzung

Die Arbeiter fordern mehr Lohn. Sie drohen mit Streik.

*Unterstreiche die Objekte:* eine sichere Zukunft, für unsere Familien, mehr Lohn, mit Streik.

> Es gibt vier verschiedene Objekte:
>
> **Akkusativ-Objekt***                                      (Frage: **Wen oder was ... ?**)
> *Wir wollen <u>eine sichere Zukunft</u>.*       (Wen oder was wollen wir?)
> *Die Arbeiter fordern <u>mehr Lohn</u>.*         (Wen oder was fordern sie?)
>
> **Dativ-Objekt**                                           (Frage: **Wem ... ?**)
> *Die Forderungen entsprechen*           (Wem entsprechen die Forde-
> *<u>den Wünschen</u> aller.*                         rungen?).
>
> **Genitiv-Objekt****                                       (Frage: **Wessen ... ?**)
> *Sie bedürfen <u>der Hilfe</u>.*                         (Wessen bedürfen sie?)
>
> **Präpositionales Objekt**                      (Frage: **Präposition + wen/wem ... ?**)
> *Wir fordern das <u>für unsere Familien</u>.*   (Für wen fordern wir das?)
> *Sie drohen <u>mit Streik</u>.*                         (Mit wem drohen sie?)
>
> Objekt kann sein:
> – Nomen: *Sie drohen mit <u>Streik</u>.*
> – Pronomen: *Sie drohen mit <u>ihm</u>.*
> – Infinitiv: *Sie fingen an <u>zu streiken</u>.*
> – Satz (Objektsatz → Seite 26): *Sie fordern, <u>daß ihre Zukunft gesichert wird</u>.*

\* Statt „Akkusativ-Objekt" sagt man auch „direktes Objekt".
\*\* Genitiv-Objekte sind sehr selten!

**1** *Ergänze bei diesen Sätzen die Akkusativ-Objekte.*

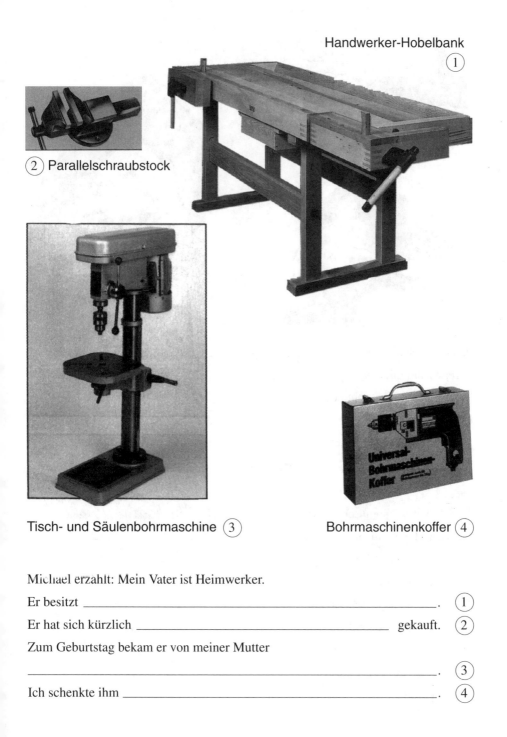

Handwerker-Hobelbank ①

② Parallelschraubstock

Tisch- und Säulenbohrmaschine ③   Bohrmaschinenkoffer ④

Michael erzählt: Mein Vater ist Heimwerker.

Er besitzt _____. ①

Er hat sich kürzlich _____ gekauft. ②

Zum Geburtstag bekam er von meiner Mutter

_____. ③

Ich schenkte ihm _____. ④

## 2  Ergänze bei diesen Sätzen die Akkusativ-Objekte.

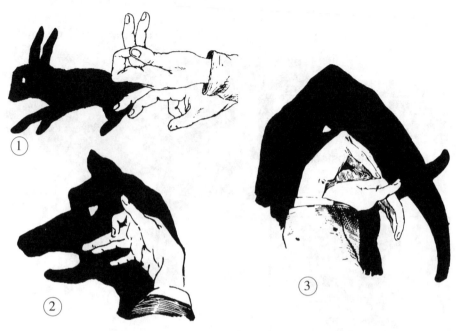

Peter ist geschickt, er zeigt uns _____. ①

Verena kann mit einer Hand _____ zeigen. ②

Unser Lehrer gebraucht beide _____.

Erkennst du _____ ? ③

## 3  Unterstreiche und bestimme die Objekte.

| | |
|---|---|
| Jede Arbeit ist <u>ihren Lohn</u> wert. | *Akkusativ-Objekt* |
| Wer den Pfennig nicht ehrt, | _____ |
| ist des Talers nicht wert. | _____ |
| Ich bin mir der Folgen wohl bewußt. | _____ |
| Das spottet jeder Beschreibung. | _____ |
| Sich der Stimme enthalten. | _____ |
| Der Lehrer lobt seine Schüler. | _____ |
| „Ich bin mit euch zufrieden." | _____ |
| Wann schreiben wir die nächste Arbeit? | _____ |

**4** *Unterstreiche und bestimme die Objekte.*

**Käpt'n Stint empfiehlt:**

Ia frische Schollen kg **8.90**

Frisch ger. Makrelen 100 g **-.59**

Uns fehlt noch eine **VERKÄUFERIN**

**W**enn Sie Natürlichkeit und Herzlichkeit besitzen und eine Tätigkeit suchen, die Freude macht, dann kommen Sie zu uns als Verkäuferin.

**W**ir bieten Ihnen bei guter Bezahlung eine abwechslungsreiche Aufgabe.

**B**erufsfremde arbeiten wir gerne ein. Auch als Teilzeitarbeit möglich.

**Wir reparieren schnell u. preiswert Akkordeons, Handorgeln sowie Holz- und Blechblasinstrumente**

Ihr Musikhaus

Wer erteilt Anfänger privat **Akkordeonunterricht?**

*(Auf dieser Seite stehen insgesamt ____ Dativ-Objekte und ____ Akkusativ-Objekte.)*

## 5 Ergänze in der Liste die Subjekte und die Objekte.

**Sind Mädchen klüger als Jungen?** In puncto Schulabschluß haben die Mädchen die Jungen überholt. Im letzten Jahr machten 27,7 Prozent der Schülerinnen und 26 Prozent der Schüler das Abitur. Den Realschulabschluß erreichten 38,7 Prozent der Mädchen und 32,7 Prozent der Jungen; 33,6 Prozent der Mädchen und 41,2 Prozent der Jungen verließen die Hauptschule.

| Subjekt: | Prädikat: | Objekt: |
|---|---|---|
| _____ | haben | _____ überholt. |
| _____ | machten | _____ |
| _____ | erreichten | _____ |
| _____ | verließen | _____ |

## 6 Ergänze in der Liste die Subjekte und die Objekte.

Der Chef spricht mit einem seiner Angestellten:
„Es tut mir leid, Herr Müller, aber ich muß Sie entlassen!"
„Weshalb wollen Sie mich entlassen? Ich habe doch nichts getan..."
„Eben deshalb!"

| Subjekt: | Prädikat: | Objekt: |
|---|---|---|
| _____ | spricht | _____ |
| _____ | tut | _____ leid. |
| _____ | muß | _____ entlassen! |
| _____ | wollen | _____ entlassen. |
| _____ | habe | _____ getan. |

**7** *Ergänze in der Liste die Subjekte und die Objekte.*

Der Wolf brach in eine Herde und trug ein Schaf fort. Der Hirt schleuderte ihm einen Stein nach und verwünschte ihn mit den heftigsten Worten.
 Darüber wunderten sich die Blumen, die zu seinen Füßen standen, und sprachen zueinander: „Warum flucht er dem Wolfe, der uns nichts zuleide tut, sondern nur die bösen Schafe vertilgt, die uns fressen?"

(Rudolf Kirsten)

| Subjekt: | Prädikat: | Objekt(e): | |
|---|---|---|---|
| _____ | trug | _____ | fort. |
| _____ | schleuderte | _____ | nach. |
| _____ | verwünschte | _____ | . |
| _____ | wunderten sich | _____ | . |
| _____ | sprachen | _____ | . |
| _____ | flucht | _____ | . |
| _____ | tut | _____ / _____ | zuleide. |
| _____ | vertilgt | _____ | . |
| _____ | fressen | _____ | . |

## Transitive / intransitive Verben

Verben, die ein Akkusativobjekt verlangen, heißen **transitive Verben**.
 *lieben* (Daniela liebt <u>ihren Hund</u>. – Wen oder was liebt sie?)
 *fangen* (Daniela fängt <u>den Ball</u>. – Wen oder was fängt sie?)
Nur transitive Verben können ein Passiv bilden:
 *Der Hund wird von Daniela geliebt.*
 *Der Ball wird von Daniela gefangen.*
Die anderen Verben heißen: **intransitive Verben**.

**8** *Ordne die folgenden Verben:*
fragen, antworten, bitten, danken, befehlen, drohen, gehorchen, helfen, schaden, retten, zerstören.

Transitive Verben:     Intransitive Verben:

_____        _____
_____        _____
_____        _____
_____        _____

## Objektsatz — 26

Verena erzählt ihrer Freundin, daß sie ein Autogramm von Elvis Presley bekommen hat.
„Was du da sagst, glaube ich dir nie. Der ist doch schon längst tot."
Verena sagt, daß sie es von ihrem Onkel geschenkt bekommen hat.
„Ach so! Zeig mal!"

*Unterstreiche die drei Objektsätze:* ... daß sie ein Autogramm von Elvis Presley bekommen hat. Was du da sagst ...  ... daß sie es von ihrem Onkel geschenkt bekommen hat.

---

Nicht nur einzelne Wörter, sondern auch Sätze können „Objekt" sein.
(Diese Sätze heißen **Objektsätze**.)
> *Verena erzählt ihrer Freundin <u>eine Neuigkeit</u>.*
>      (= Akkusativ-Objekt: Wen oder was erzählt Verena?)
> *Verena erzählt ihrer Freundin, <u>daß sie ein Autogramm von Elvis Presley bekommen hat</u>.*
>      (= Objektsatz)

**1** *Unterstreiche die Objektsätze.*

Im Museum besichtigen die Schüler eine Marmorstatue eines griechischen Kämpfers, dem ein Bein, eine Hand und die Nase fehlen. Markus geht näher und liest auf dem Schild: „Der Sieger".
„O weh, da möchte ich nicht wissen, wie der Besiegte aussah!"

Kerstin sagt zum Lehrer: „Ich kann nicht lesen, was Sie unter meinen Aufsatz geschrieben haben."
„Wieso kannst du das nicht lesen? Ich habe geschrieben, daß du deutlicher schreiben sollst."

Bei einem Elternabend fragte der stolze Vater: „Finden Sie nicht auch, daß mein Sohn sehr originelle Einfälle hat?"
„Ja, besonders in der Rechtschreibung!"

Der Hausmeister steht vor der Wohnungstür und schimpft:
„Typisch! Erst rufen die Mieter an und sagen, daß die Klingel nicht funktioniert, und dann macht niemand auf!"

*(Auf dieser Seite stehen insgesamt _____ Objektsätze.)*

— Objektsatz — 28 —

**2** *Unterstreiche die Objekte einmal und die Objektsätze zweimal.*

Ein junges Ehepaar bekommt zur Freude aller Verwandten einen Sohn.
Sie diskutieren, wie das Kind heißen soll.
Die Mutter findet den Namen *Oliver* schön. Die Patentante sagt: „Dieser Name ist viel zu häufig. Wählt doch einen wohlklingenden Namen, zum Beispiel *Marco*."
Die Oma möchte, daß das Enkelkind nach seinem verstorbenen Opa *Florian* genannt wird.
Um es allen recht zu machen, nannten sie das Kind: *O–ma–flo*. Armer Junge!

(Schüleraufsatz)

**3** *Forme die direkte Frage/direkte Rede in eine indirekte Frage/indirekte Rede um, und unterstreiche die Objektsätze.*

Mutter zu Kerstin: „Wo bist du heute abend?"
*Die Mutter fragt Kerstin, wo sie heute abend ist.*

Kerstin: „Heute abend bin ich bei Tanja."

Mutter: „Wer kommt sonst noch zu Tanja?"

Kerstin: „Viele Schülerinnen aus der Klasse."

Mutter: „Wann kommst du zurück?"

Kerstin: „Spätestens um 23.00 Uhr."

Mutter: „Ich werde dich um 23.00 Uhr mit dem Auto abholen."

**4** *Bilde Objektsätze.*

Meine Schwester telefoniert mit ihrer Freundin.
Sie erzählt ihr,

daß _____,
(sie war in Hamburg)

daß _____,
(sie hat einen Schaufensterbummel gemacht)

daß _____,
(sie hat sich ein schickes Polo-Shirt gekauft)

daß _____,
(sie wird es an ihrem Geburtstag anziehen)

daß _____.
(sie hat viele Freunde zum Geburtstag eingeladen)

Sie hofft,

daß _____.
(ihre Freundin kommt auch)

**5** *Forme die direkte Frage/direkte Rede in eine indirekte Frage/indirekte Rede um, und unterstreiche die Objektsätze.*

Nach der Tanzstunde wird Monika von einem Jungen gefragt: „Kann ich dich morgen mal anrufen?"

*Der Junge fragt, ob* _____

Monika lächelt und sagt: „Meine Telefonnummer steht im Telefonbuch."

_____

Der Junge fragt: „Wie heißt du mit Nachnamen?"

_____

Monika sagt: „Oh, mein Nachname steht neben der Telefonnummer."

_____

…und läßt den verdutzten Jungen stehen.

# Adverbiale Bestimmung, *das Adverbiale, die Umstandsbestimmung* = 30

Die Jungen haben sich riesig auf die Ferien gefreut.
Jetzt tummeln sie sich bei schönem Wetter von morgens bis abends am Strand.
Wegen der starken Sonne haben sie sich gut eingeölt, zum Schutz vor Sonnenbrand.

*Unterstreiche die adverbialen Bestimmungen:* riesig, jetzt, bei schönem Wetter, von morgens bis abends, am Strand, wegen der starken Sonne, gut, zum Schutz vor Sonnenbrand.

---

Satzglieder, die einen Sachverhalt (z. B. Ort, Zeit, Art und Weise) näher bestimmen, heißen adverbiale Bestimmungen.

Die wichtigsten adverbialen Bestimmungen (Adverbialien) sind:
- **Art und Weise, Mittel (Modal)**           (Frage: Wie? Auf welche Weise?)
    *riesig*                                  (Wie haben sie sich gefreut?)
    *gut*                                     (Wie haben sie sich eingeölt?)
- **Zeit (Temporal)**                         (Frage: Wann? Wie lange? Wie oft?)
    *jetzt*                                   (Wann tummeln sie sich?)
    *von morgens bis abends*                  (Wie lange tummeln sie sich?)
- **Ort (Lokal)**                             (Frage: Wo? Wohin? Woher?)
    *am Strand*
- **Grund (Kausal)**                          (Frage: Warum?)
    *wegen der starken Sonne*
- **Zweck (Final)**                           (Frage: Zu welchem Zweck?)
    *zum Schutz vor Sonnenbrand*
- **Bedingung (Konditional)**                 (Frage: Unter welcher Bedingung?)
    *bei schönem Wetter*

Adverbiale Bestimmungen können sein:
- Adverbien: *riesig, jetzt, von morgens bis abends, gut*
- Präposition + Nomen: *bei schönem Wetter, am Strand, wegen der Sonne, zum Schutz*
- Satz (Adverbialsatz → Seite 34): *Wenn das Wetter schön ist...*

## Adverbiale Bestimmung

**1** *Ergänze die adverbialen Bestimmungen des Ortes.*

Auf der Klassenfahrt in Nürnberg. –
Wohin gehen wir heute nachmittag?

Ich möchte _____ gehen.
(Verkehrsmuseum)

_____ kann man die erste deutsche Eisenbahn besichtigen.

Sie fuhr _____ .
(Nürnberg – Fürth)

Ich würde lieber _____ gehen.
(Dürerhaus)

Es steht _____ .
(Altstadt)

**2** *Ergänze die adverbialen Bestimmungen der Zeit.*

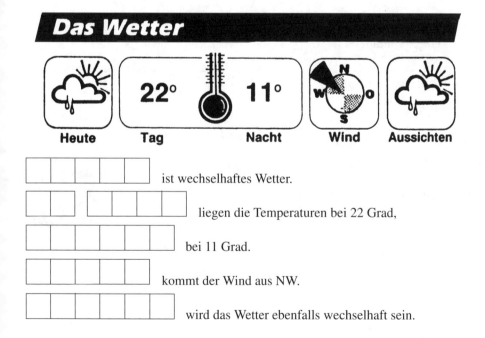

☐☐☐☐☐ ist wechselhaftes Wetter.

☐☐☐ ☐☐☐☐☐ liegen die Temperaturen bei 22 Grad,

☐☐☐☐☐☐☐ bei 11 Grad.

☐☐☐☐☐ kommt der Wind aus NW.

☐☐☐☐☐☐ wird das Wetter ebenfalls wechselhaft sein.

## Adverbiale Bestimmung

**3** *Unterstreiche und bestimme die adverbialen Bestimmungen.*

<u>Während der Klassenarbeit</u> darf nicht geredet werden.
   (Frage: Wann?)
   *Adverbiale Bestimmung der Zeit*

Bis jetzt hat alles geklappt.
   (Frage: Bis wann?)

Ich habe alle Aufgaben richtig gelöst.
   (Frage: Wie?)

Alle zitterten vor Aufregung.
   (Frage: Warum?)

Bei gutem Wetter machen wir einen Wandertag.
   (Frage: Unter welcher Bedingung?)

Im Falle einer Verspätung werde ich telefonieren.
   (Frage: Unter welcher Bedingung?)

Wegen Renovierung bleibt das Geschäft geschlossen.
   (Frage: Warum?)

Ich soll alle herzlich grüßen.
   (Frage: Wie?)

Wir treffen uns auf dem Sportplatz.
   (Frage: Wo?)

Anschließend gehen wir alle zu Peter.
   (Frage: Wann?)

   (Frage: Wohin?)

## Adverbiale Bestimmung

**4** *Bestimme die unterstrichenen adverbialen Bestimmungen.*

Schüleraufsatz:
Am Ende der Ferien (1) durfte ich bei meinem Freund (2) schlafen, weil meine Eltern ein paar Tage (3) verreist waren. Mit dem Rad (4) fuhr ich zu ihm (5). Meinen Kuschelbären klemmte ich auf den Gepäckträger (6). Als ich bei meinem Freund (7) ankam, war mein Kuschelbär weg (8). Ich fuhr sofort (9) zurück und suchte ihn überall (10). Mit Schrecken (11) mußte ich festellen, daß der Kuschelbär nicht mehr (12) aufzufinden war. Am späten Nachmittag (13) klingelte das Telefon, es waren meine Eltern. Ich erzählte ihnen traurig (14), daß ich meinen Kuschelbären verloren hatte.
Ich habe ihn nie (15) wiederbekommen. Die ganze Nacht (16) konnte ich nicht (17) schlafen. – Später (18) haben mir meine Eltern einen neuen Kuschelbären mitgebracht.

(Christian T.)

Adverbiale Bestimmungen der Art und Weise: _____

Adverbiale Bestimmungen der Zeit: *1,* _____

Adverbiale Bestimmungen des Ortes: _____

**5** *Unterstreiche die adverbialen Bestimmungen, schreib sie heraus, und bestimme sie.*

### Mit dem Walkman in den Tod

Ein Walkman ist am Mittwoch einem jungen Franzosen in der Bretagne zum Verhängnis geworden. Der 14jährige Frédéric, der mit Kameraden einer Ferienkolonie zur Wegabkürzung über eine Schienenstrecke ging, überhörte wegen des Kopfhörers auf seinen Ohren einen herannahenden Schienenbus. Wie die Polizei gestern mitteilte, konnte der Zugführer nicht mehr rechtzeitig bremsen.
Der Junge war auf der Stelle tot.

*am Mittwoch (Zeit)*

# Adverbialsatz — 34

Obwohl „Frauchen" Nicole klein und die Dogge Willi groß ist, sind beide gute Freunde. Als die Dogge einen anderen Hund sieht, will sie hinlaufen. Nicole hält ihren Hund fest, damit er ihr nicht wegläuft. Sie könnte es vielleicht schaffen, wenn sie ihre ganze Kraft aufbietet. Aber die Dogge ist so stark, daß Nicole mitgezogen wird.

*Unterstreiche die Adverbialsätze:* Obwohl „Frauchen" Nicole klein und die Dogge Willi groß ist... Als die Dogge einen anderen Hund sieht... ... damit er ihr nicht wegläuft. ... wenn sie ihre ganze Kraft aufbietet. ... daß Nicole mitgezogen wird.

> Nicht nur einzelne Wörter, sondern auch ganze Sätze können „adverbiale Bestimmung" sein. (Diese Sätze heißen „**Adverbialsätze**".)
> Adverbiale Bestimmung:
> > *Trotz der unterschiedlichen Größe* sind beide gute Freunde.
> Adverbialsatz:
> > *Obwohl „Frauchen" Nicole klein und die Dogge Willi groß ist...*
> Adverbiale Bestimmung:
> > *Beim Anblick eines anderen Hundes* will die Dogge hinlaufen.
> Adverbialsatz:
> > *Als die Dogge einen anderen Hund sieht...*

# Adverbialsatz

Die wichtigsten Adverbialsätze sind:
- **Modalsätze** (Art und Weise)
  *wie..., indem...*
- **Temporalsätze** (Zeit)
  *als..., während..., bis...*
- **Lokalsätze** (Ort)
  *wo..., wohin..., woher...*
- **Kausalsätze** (Grund)
  *weil...*
- **Finalsätze** (Zweck, Absicht)
  *damit...*
- **Konditionalsätze** (Bedingung)
  *wenn..., falls...*
- **Konsekutivsätze** (Folge)
  *(so) daß...*
- **Konzessivsätze** (Einräumung)
  *obwohl..., obgleich..., wenn auch...*

**1** *Bestimme die Adverbialsätze auf der Nebenseite.*

Obwohl „Frauchen" Nicole klein und Dogge Willi groß ist...

*Konzessivsatz*

Als die Dogge einen anderen Hund sieht...

_____

...damit er ihr nicht wegläuft.

_____

...wenn sie ihre ganze Kraft aufbietet.

_____

...daß Nicole mitgezogen wird.

_____

2 *Bilde Temporalsätze.*

Die Deutschlehrerin kam in die Klasse

(alle Schüler waren aufgeregt)

(viele schrien durcheinander)

(einige aßen ihr Pausenbrot)

(Michael machte die Fenster auf)

Wir hatten nämlich gerade eine Englischarbeit geschrieben.

3 *Unterstreiche die Temporalsätze in diesem Zeitungsartikel.*

# Opa brach zusammen: Mädchen lenkte Auto

Durch ihre Geistesgegenwart hat ein zwölfjähriges Mädchen möglicherweise ein schweres Unglück verhindert und dabei sich und ihren Großvater gerettet.

Sie war mit ihrem Opa am Silvestertag auf dem Weg zum Arzt, als der alte Herr am Steuer seiner schweren Limousine eine Herzattacke erlitt und zusammenbrach. Als das Kind merkte, daß der 80jährige wegen seiner Herz-Probleme die Herrschaft über das Auto verlor, wollte es zunächst den Zündschlüssel abziehen. Dies gelang jedoch nicht. In der Not griff die Zwölfjährige vom Beifahrersitz aus ins Steuer und lenkte den Wagen, so gut es ging. Die Polizei sagt, es sei eine „filmreife Horrorfahrt" durch den Ort gewesen. Drei Fußgänger mußten sich durch Sprünge in Sicherheit bringen. Nachdem sie mit dem Auto einen Kellereingang und eine Hausmauer gestreift hatte, stoppte ein Verteilerkasten in einer scharfen Kurve die Fahrerin. Der Opa hat sich inzwischen im Krankenhaus von seiner Herzattacke erholt.

*(Insgesamt sind _____ Temporalsätze in diesem Text.)*

**4** *Bilde Kausalsätze.*

Warum freut sich Daniela?

Sie freut sich,

weil _____
   (sie hat eine Eins geschrieben)

_____
   (die Lehrerin hat sie gelobt)

_____
   (sie hat morgen Geburtstag)

_____
   (sie bekommt viele Geschenke)

_____
   (der Opa kommt)

**5** *Unterstreiche die Kausalsätze in diesen beiden Zeitungsartikeln.*

# Postbote ließ 1700 Briefe verschwinden

**London,** 13. Juli (dpa) Ein junger Postbote aus der britischen Grafschaft Devon hat im Frühjahr insgesamt 1736 Briefe und andere Postsachen daheim versteckt, weil er in der vorgeschriebenen Arbeitszeit nicht alle Zustellungen erledigen konnte. Ein Gericht in Tiverton verurteilte den 21 Jahre alten Briefträgerlehrling deshalb am Freitag zu einer Geldbuße von umgerechnet 670 DM. Der junge Mann hatte dem Richter erklärt, daß er die Briefe, die er zwischen 5.30 und 10 Uhr nicht verteilen konnte, habe verschwinden lassen, weil er Angst hatte, seine Stellung zu verlieren.

## Zutrauliche Tiere im Wald nicht streicheln

Zutrauliche Wildtiere sollten bei Spaziergängen in Wald und Flur nicht gestreichelt werden, da sie Tollwut haben könnten. Verletzte Wildtiere sollten nicht mit nach Hause genommen werden.

*(Insgesamt sind _____ Kausalsätze in diesen Texten.)*

## 6  Bilde Finalsätze.

Silke beeilt sich,

_____
(nicht zu spät kommen)

_____
(den Bus nicht verpassen)

_____
(die andern müssen nicht warten)

_____
(nicht die letzte sein)


## 7  Unterstreiche die Finalsätze.

**Mach mal Pause!** Wer mit Kindern auf Reisen geht, sollte dafür sorgen, daß die kleinen Mitfahrer nicht im Fahrzeug herumtoben, damit die Nerven der Eltern nicht überstrapaziert werden. Möglichst ein paar Spiele mitnehmen und jede Stunde eine ausgiebige Pause machen, damit sich die Kinder intensiv bewegen können.
*(In dieser Übung stehen insgesamt _____ Finalsätze.)*

## 8  Bilde Konzessivsätze.

Silke hat diesmal eine schlechte Klassenarbeit geschrieben,

_____
(sie hat viel gelernt)

_____
(sie war nicht aufgeregt)

_____
(sie hatte genug Zeit)

_____
(das Thema war nicht schwer)

**Wenn** kann einen **Temporalsatz** oder einen **Konditionalsatz** einleiten.

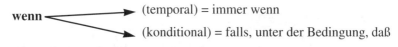

**wenn** → (temporal) = immer wenn
→ (konditional) = falls, unter der Bedingung, daß

An der Autobahnraststätte:

**Wenn** die Vierbeiner Durst haben,
dann können sie an der Hundebar
trinken.
(Wenn: temporal)

**Wenn** der kleine, weiße Hund
nicht so ängstlich wäre,
würde er den schwarzen Hund
verscheuchen und selbst
trinken.
(Wenn: konditional)

9 „Bitte, Tante, mach doch mal die Augen zu!"
„Warum denn, Kerstin?"
„Vati hat gesagt, **wenn** du mal die Augen zu-
machst, bekommen wir eine Menge Geld."

Temporal ○    Konditional ○

**Wenn** meine Tante Räder hätte, dann wäre sie ein Autobus.

Temporal ○    Konditional ○

# Attribut, *Beifügung, Satzgliedteil* — 40

|  |  |
|---:|:---|
| Ein neues | Fahrrad, ein Mountainbike, |
| ein | Fahrrad mit Gangschaltung, |
| das | Fahrrad meiner Schwester, |
| ihr | Fahrrad. |
| (Sie hat jetzt zwei | Fahrräder.) |
| Das | Fahrrad, das sie zu Weihnachten geschenkt bekommen hat. |

*Unterstreiche die Attribute zu „Fahrrad":* neues, ein Mountainbike, mit Gangschaltung, meiner Schwester, ihr, zwei, das sie zu Weihnachten geschenkt bekommen hat.

> Das Attribut ist kein selbständiges Satzglied. Es gibt eine nähere Bestimmung zu dem Nomen, zu dem es gehört.
>
> Nach dem Attribut fragt man: **Was für ein(e)…?**
>
> Attribut kann sein:
> – Adjektiv: _neues_ Fahrrad
> – Nomen: *ein Fahrrad _mit Gangschaltung_, das Fahrrad _meiner Schwester_*
> – Possessivpronomen: *_ihr_ Fahrrad*
> – Numerale: *_zwei_ Fahrräder*
> – Satz (Attributsatz → Seite 44): *das Fahrrad, _das sie zu Weihnachten geschenkt bekommen hat_*
>
> Attribut kann auch sein:
> – Infinitiv: *die Lust _zu reisen_*
> – Partizip (als Adjektiv): *das _gestohlene_ Fahrrad*
> – Adverb: *das Haus _nebenan_*

= 41 =================================================== Attribut =

**1** *Auf diesen Briefmarken stehen viele Attribute.
Schreib sie heraus, und bestimme sie.*

|  | Adjektiv | Präposition + Nomen | Nomen im Genitiv |
|---|---|---|---|

Was für Stadtmusikanten?
_Bremer_  ⊗ ○ ○

Was für eine Bundespost?
_____  ○ ○ ○

Was für eine Sicherheit?
_____  ○ ○ ○

Was für eine Vorsorge?
_____  ○ ○ ○

Was für eine Einheit?
_____  ○ ○ ○

Was für eine Vollendung?
_____  ○ ○ ○

Was für ein Dom?
_____  ○ ○ ○

Was für eine Entdeckung?
_____  ○ ○ ○

— Attribut — 42

**2** Diese Anzeigen enthalten viele Attribute.
Schreib sie heraus, und bestimme sie.
(Mach mehrere Kreuze bei mehreren Attributen.)

|  | Adjektiv | Nomen | Präposition + Nomen | Possessivpronomen |
|---|---|---|---|---|

**Freundliche Arzthelferin**
baldmöglichst gesucht.
Gute Arbeitszeiten, übertarifliche Bezahlung, interessanter, abwechslungsreicher Arbeitsplatz.
Dr. V. Tasche
Münsterstr. 9
4400 Münster-Wolbeck
Tel. 0 25 06...

Was für eine Arzthelferin? ○○○○
_____
Was für Arbeitszeiten? ○○○○
_____
Was für eine Bezahlung? ○○○○
_____
Was für ein Arbeitsplatz? ○○○○
_____

**Kfz-Mechaniker**
22 Jahre, abgeschlossene Berufsausbildung, bundeswehrfrei, sucht neuen Wirkungskreis.
Tel. 0 23 62...

Was für ein Mechaniker? ○○○○
_____
Was für eine Berufsausbildung? ○○○○
_____
Was für einen Wirkungskreis? ○○○○
_____

**Friseursalon in Münster**
sucht eine zuverlässige, freundliche und selbständig arbeitende
**Friseuse**
als Voll- oder Teilzeitkraft
Telefon 0 25 97...

Was für ein Friseursalon? ○○○○
_____
Was für eine Friseuse? ○○○○
_____

Für unsere Praxis suchen wir zuverlässige, freundliche
**Zahnarzthelferin**
für Assistenz oder Rezeption sowie
**Auszubildende**
Geboten werden übertarifl. Gehalt, günstige Arbeitszeiten und ein interessantes Arbeitsfeld (PA, KFO, Implantologie).
Zahnärzte
Elmar Wiesmann und
Dr. Heiko Happach
Havixbeck, Tel. 0 25 07...

Was für eine Praxis? ○○○○
_____
Was für eine Zahnarzthelferin? ○○○○
_____
_____
Was für ein Gehalt? ○○○○
_____
Was für Arbeitszeiten? ○○○○
_____
Was für ein Arbeitsfeld? ○○○○
_____

**3** Unterstreiche die Attribute, und bestimme sie.

---

Liebe Katja,

zu Deinem Geburtstag sende ich Dir die herzlichsten Glückwünsche.
Leider kann ich diesmal nicht dabeisein, wenn Du mit Deinen Freundinnen die große Geburtstagsparty feierst. Anbei ein kleines Geschenk. Hoffentlich gefällt Dir die goldene Kette.
Grüße Deine lieben Eltern von mir.

                          Dein Patenonkel

---

| Beziehungswort: | Attribut: | Wortart: |
|---|---|---|
| Katja | liebe | |
| Geburtstag | Deinem | |
| Glückwünsche | herzlichsten | |
| Freundinnen | Deinen | |
| Geburtstagsparty | große | |
| Geschenk | kleines | |
| Kette | goldene | |
| Eltern | Deine lieben | |

# Attributsatz (Relativsatz) — 44

Ein libanesischer Juwelier hat am Mittwochabend auf einer Auktion für die Rekordsumme von 19 Millionen Mark den nunmehr teuersten Diamanten der Welt (Bild) erstanden. Der birnenförmige, lupenreine Stein, der ein Gewicht von 102 Karat und eine Länge von 3,6 Zentimetern hat, ist der größte Diamant, der jemals auf dem internationalen Markt angeboten wurde. Über die Herkunft des Steines, der in den letzten 18 Monaten gefunden wurde, gab es keine genauen Angaben. Es wurde aber die Vermutung geäußert, daß er aus Südafrika stammt.

*Unterstreiche die Attributsätze:* ... der ein Gewicht von 102 Karat und eine Länge von 3,6 Zentimetern hat (nähere Bestimmung zu „Stein"). ... der jemals auf dem internationalen Markt angeboten wurde (nähere Bestimmung zu „Diamant"). ... daß er aus Südafrika stammt (nähere Bestimmung zu „Vermutung").

---

Nicht nur einzelne Wörter, sondern auch Sätze können „Attribut" sein. (Diese Sätze heißen „**Attributsätze**".)

Attributsätze, die mit einem Relativpronomen eingeleitet werden, heißen **Relativsätze**:

*der Stein, der ein Gewicht von 102 Karat und eine Länge von 3,6 Zentimetern hat.* (Was für ein Stein?)

*der Diamant, der jemals auf dem internationalen Markt angeboten wurde.* (Was für ein Diamant?)

Ein Beispiel für sonstige Attributsätze:

*die Vermutung, daß er aus Südafrika stammt.*
(Was für eine Vermutung?)

# 45 — Attributsatz (Relativsatz)

*Schreib Attribute und Attributsätze heraus.*

## ■ RIESENWURST

1640 Meter maß die weltweit längste Bratwurst, die die Besucher des Erfurter Krämerbrückenfestes am Wochenende verzehren konnten. Die nach original Thüringer Rezept hergestellte Wurst enthielt rund 1100 Kilogramm Schweinefleisch.

Was für eine Bratwurst?
Attribute: _____
Attributsatz: _____
_____
_____

*Das sind zwei von zahlreichen Welpen, die aus dem Tierheim Lingen in verantwortungsbewußte Familien abgegeben werden sollen. Es handelt sich um klein bleibende Hunde, die aus insgesamt vier Würfen stammen.*

Was für Welpen?
Attribute: _____
Attributsatz: _____
_____
_____

Was für Hunde?
Attribute: _____
Attributsatz: _____
_____
_____

## ■ NESSIE

Nessie, das sagenhafte Ungeheuer von Loch Ness, bleibt weiter rätselhaft. Auch vier Suchtrupps, die auf der Suche nach dem Monster am Wochenende den trüben schottischen See durchforschten, brachten Nessie nicht zum Vorschein. Das britische Wettbüro Hill hatte die Jagd organisiert und 750 000 DM für konkrete Beweise geboten, die das Bestehen des mysteriösen Wesens belegen.

Was für Suchtrupps?
Attribut: _____
Attributsatz: _____
_____
_____

Was für Beweise?
Attribut: _____
Attributsatz: _____
_____
_____

# Hauptsatz / Gliedsatz, Attributsatz — 46

Eva telefoniert mit ihrer besten Freundin. Sie erzählt ihr ausführlich, was sie auf der Klassenfahrt erlebt hat, von der sie gestern zurückgekommen ist. „Ich wollte dich noch fragen, ob du heute nachmittag ins Schwimmbad kommst. Ja? Wann treffen wir uns?"

*Unterstreiche die Gliedsätze / Attributsätze:* ... was sie auf der Klassenfahrt erlebt hat, ... von der sie gestern zurückgekommen ist. ... ob du heute nachmittag ins Schwimmbad kommst.
*Zeichne um folgende Personalformen des Verbs ein Kästchen:* hat, ist, kommst.

---

Wie unterscheidet man Hauptsatz, Gliedsatz und Attributsatz?
**Gliedsätze** sind Nebensätze, die an Stelle von Satzgliedern stehen. Sie lassen sich durch Satzglieder ersetzen. **Attributsätze** sind Nebensätze, die an Stelle von Attributen stehen. Sie lassen sich durch Attribute ersetzen.
In beiden Fällen steht die Personalform des Verbs am Satzende.

Es gibt zwei Ausnahmen:
1. Gliedsätze, in denen „daß" ausgelassen wurde.
   *Ich hoffe, ihr* |könnt| *rechtzeitig kommen.*
   *(Ich hoffe, daß ihr rechtzeitig kommen* |könnt|*.)*
2. Gliedsätze, in denen „wenn" ausgelassen wurde.
   |Kommt| *Zeit,* |kommt| *Rat.*
   *(Wenn Zeit* |kommt,| *kommt Rat.)*

# Hauptsatz / Gliedsatz, Attributsatz

**1** *Schreib die Gliedsätze / Attributsätze aus den Texten heraus, und zeichne um die Personalform des Verbs ein Kästchen.*

„Paul, wieso hast du der Garderobenfrau
so ein tolles Trinkgeld gegeben?"
„Weil sie mir dafür auch
einen tollen Mantel gegeben hat."

_____

_____

_____

Eine Krankenschwester will einen Patienten wachrütteln, als der vorbeikommende Arzt sie fragt:
„Warum wecken Sie den Mann?"
„Weil er noch nicht die Schlaftablette genommen hat,
die Sie ihm verordnet hatten."

_____

_____

### Während der Fete
Hannelore bringt neue Getränke, als ihr plötzlich ein
Junge von hinten die Augen zuhält.
„Wer bin ich? Dreimal darfst du raten.
Wenn du es nicht errätst, küsse ich dich."
„Napoleon? Goethe? Einstein?"

_____

_____

## Hauptsatz / Gliedsatz, Attributsatz — 48

**2** *Schreib die Gliedsätze / Attributsätze aus den Texten heraus, und zeichne um die Personalform des Verbs ein Kästchen.*
*Unterstreiche den Gliedsatz, der zur Ausnahme (1) gehört.*

Es war einmal ein Rabe,
ein schlauer alter Knabe.
Dem sagte ein Kanari, der
in seinem Käfig sang: „Schau her,
von Kunst
hast du keinen Dunst."
Der Rabe sagte ärgerlich:
„Wenn du nicht singen könntest,
wärst du so frei wie ich."
(Bertolt Brecht)

„Falls du aufhören willst ...
ich glaube, das rechte Pedal ist
die Bremse!"

**3** Schreib die Gliedsätze / Attributsätze aus den Texten heraus, und zeichne um die Personalform des Verbs ein Kästchen. Unterstreiche den Gliedsatz, der zur Ausnahme (1) gehört.

**Nicht so recht ernst nehmen** mag man die Warnung vor dem Haushund, die ein Berliner Hausbesitzer auf seinem Grundstück aufgestellt hat. Nicht nur der außergewöhnliche Text auf dem Schild, sondern auch der eher treubrave Blick des Hundes läßt Passanten ahnen, daß ihnen hier keine Gefahr droht.

**Vom Hunde**

Es lief ein Hund durch einen Wasserstrom und hatte ein Stück Fleisch im Maul. Als er nun aber den Schatten des Fleisches im Wasser sah, wähnte er, es sei auch Fleisch, und schnappte gierig danach. Da er aber das Maul auftat, entfiel ihm das Stück Fleisch, und das Wasser führte es weg. Also verlor er beides, Fleisch und Schatten.

(Martin Luther)

## Satzreihe / Satzgefüge

### Ich kam, ich sah, ich siegte

Das schrieb Caesar an seinen Freund Amintius, nachdem er bei Zela ohne Mühe einen Sieg errungen hatte.
(47 vor Christus)
Zu den Verschwörern, die Caesar 44 v. Chr. ermordeten, gehörte auch Brutus.

---

Hauptsätze, die durch Komma miteinander verbunden sind, ergeben eine **Satzreihe**.

*Ich kam,        ich sah,        ich siegte.*

| Hauptsatz | , | Hauptsatz | , | Hauptsatz |

Hauptsatz und Nebensatz ergeben ein **Satzgefüge**. (Es können auch mehrere Hauptsätze und Nebensätze sein.)

*Das schrieb Caesar…,    nachdem er … einen Sieg errungen hatte.*

| Hauptsatz | , | Gliedsatz |

Der Nebensatz (Gliedsatz / Attributsatz) kann auch in den Hauptsatz eingeschoben sein:

*Zu den Verschwörern, ↑ gehörte auch Brutus.*
*die Caesar 44 v. Chr. ermordeten,*

übergeordneter ↑ Hauptsatz
eingeschobener Attributsatz

## 51 — Satzreihe/Satzgefüge

**1** *Unterstreiche die Satzgefüge.*

Unverhofft schulfrei hatten die 600 Jungen und Mädchen eines französischen Gymnasiums, weil sich im Schulgebäude Milliarden von Flöhen eingenistet hatten. Die Plage wurde durch eine in der Schule lebende Katze verursacht, sie hatte für ihre Jungen tote Waldmäuse, Igel und Raben in Mengen herangeschafft. Durch die Wärme im Keller vermehrten sich die Flöhe so rasant, daß Kammerjäger zu Hilfe gerufen werden mußten. Aber schon am Montag werden sich die Schüler wieder höchstens den Kopf kratzen, wenn ihnen keine Lösungen für die Rechenaufgaben einfallen. Dann wird das Gebäude desinfiziert sein, und der Unterricht kann wieder beginnen.

**2** *Unterstreiche die eingeschobenen Gliedsätze / Attributsätze.*

Japanische Rockfans, die beim Tanzen im Gleichtakt sprangen, haben ein Erdbeben der Stärke 5 der nach oben offenen Richterskala verursacht. „Niemand hatte voraussehen können, daß die Fans springen würden", erklärte der Inhaber des Tanzclubs. Neben den unzähligen Beschwerden der Anwohner, die sich durch die heftigen Erschütterungen gestört fühlten, verursachten die Sprünge der Rockfans Risse und Spalten im Boden.

**3** *Unterstreiche die eingeschobenen Gliedsätze / Attributsätze.*

Amerikanische Wissenschaftlerinnen sehen die mathematischen Fähigkeiten der Mädchen durch eine Barbie-Puppe gefährdet. Ein neues Modell, das man seit Jahresbeginn für 25 Dollar in US-Spielzeugläden kaufen kann, quäkt mit seiner elektronischen Stimme:
„Mathe-Unterricht ist schrecklich!"
Mit dieser Behauptung könnte das Selbstvertrauen der Puppenmütter, was die Mathematik angeht, beeinträchtigt werden. Die Herstellerfirma wurde aufgefordert, diese Sprechpuppen aus dem Verkauf zu nehmen oder umzuprogrammieren, weil viele Mädchen, denen das Selbstbewußtsein fehlt, ohnehin schon schlechter in Mathematik sind als ihre männlichen Klassenkameraden.

Satzreihe/Satzgefüge

[4] Forme die unterstrichenen Sätze um,
so daß Satzgefüge entstehen.

Frau Durbin aus London traute ihren Ohren nicht. <u>Ein Wellensittich flog in ihren Garten und sagte:</u> „Ich heiße Pippy und wohne in Strawberry Close 7, Nailsea. Verstanden?" Mit diesen Worten ließ sich der Vogel auf ihrer Hand nieder. <u>Er fügte hinzu:</u> „Ganz schön clever, was?" <u>Die Frau telefonierte mit dem Besitzer.</u> Sie staunte ein zweites Mal. Die Stimme von Herrn Bendon, 72, war der des Vogels zum Verwechseln ähnlich. <u>Er hatte „Pippy" das Sprechen beigebracht.</u>

als...

indem...
als...

der...

_____
_____
_____
_____
_____
_____
_____
_____
_____
_____
_____
_____
_____

*(Lies den Text in der verbesserten neuen Fassung laut vor.)*

**5** *Die Schülerin hat in ihrem Aufsatz zu komplizierte Satzgefüge verwendet. Vereinfache die Sätze.*

**Meine beste Freundin**

Als wir Banknachbarn wurden, lernte ich Simone im 5. Schuljahr näher kennen, obwohl wir schon seit dem 4. Schuljahr in dieselbe Klasse gehen.
Jetzt sehen wir uns fast jeden Nachmittag entweder bei mir zu Hause oder bei ihr, oder wir fahren zusammen in die Stadt, wo wir bummeln und auch mal Eis essen gehen, wofür Simone immer gern ihr Taschengeld ausgibt. Ich finde Simone sehr nett, weil man mit ihr über alles reden kann, ohne daß sie mich auslacht oder verachtet, wenn ich ihr von meinen Schwierigkeiten erzähle, die ich manchmal mit meinem Bruder habe. Wenn sie in der Schule besser ist als ich, schaut sie nicht auf mich herab, sondern sie muntert mich auf, indem sie sagt, daß ich beim nächsten Mal wieder eine bessere Arbeit schreiben werde. Simone ist die beste Freundin, die ich mir vorstellen kann.

(Beate W.)

*(Lies den Text in der verbesserten neuen Fassung laut vor.)*

## Partizipialsatz, Infinitivsatz — 54

Von Freßgier getrieben, hat der Wolf seine Beute so schnell verschlungen, daß ihm ein Knochen im Hals steckengeblieben ist. In Todesangst röchelnd, bittet er den Storch, mit seinem langen Schnabel den Knochen aus dem Hals zu ziehen. – Welchen Lohn darf der Storch dafür erwarten, sollte er, Mitleid fühlend, dem Wolf helfen?

*Unterstreiche die Partizipialsätze:* Von Freßgier getrieben,... In Todesangst röchelnd,......Mitleid fühlend,...
*Unterstreiche zweimal den Infinitivsatz:* ...mit seinem langen Schnabel den Knochen aus dem Hals zu ziehen.

---

Erweiterte Partizipien (I / II) und erweiterte Infinitive werden ähnlich gebraucht wie Gliedsätze / Attributsätze. Deshalb heißen sie **Partizipialsätze, Infinitivsätze**, obwohl sie keine Personalform des Verbs enthalten. (Das Subjekt ist immer das Subjekt des übergeordneten Satzes.)

Partizipialsätze und Infinitivsätze lassen sich in Gliedsätze oder Attributsätze umformen:

*Von Freßgier getrieben,...*
*Weil er von Freßgier getrieben wurde,...*

*In Todesangst röchelnd,...*
*Während er in Todesangst röchelte,...*

*Er bittet den Storch, mit seinem langen Schnabel den Knochen aus dem Hals zu ziehen.*
*Er bittet den Storch, daß er mit seinem langen Schnabel den Knochen aus dem Hals zieht.*

*Mitleid fühlend,...*
*Wenn er Mitleid fühlt,...*

Partizipialsätze (= erweiterte Partizipien) und Infinitivsätze (= erweiterte Infinitive) werden durch Komma abgetrennt.

## Partizipialsatz, Infinitivsatz

**1** *Unterstreiche die Erweiterungen, und setze die notwendigen Kommas ein.*

Hast du Lust zu kommen?
Hast du Lust heute abend zu kommen?
Hast du Lust zur Fete zu kommen?
Hast du Lust Musik zu hören?
Hast du Lust zu tanzen?

**2** *Unterstreiche die Erweiterungen, und setze die notwendigen Kommas ein.*

**Tischtennismädchen holten Titel**
Um einen Titel zu holen,
muß man immer bereit sein zu üben.
muß man immer bereit sein Freizeit zu opfern.
muß man immer bereit sein sich einzusetzen.
muß man immer bereit sein zu trainieren.
muß man immer bereit sein hart zu trainieren.
muß man immer bereit sein zu kämpfen.
muß man immer bereit sein mit ganzem Einsatz zu spielen.
muß man immer bereit sein seine letzten Kräfte einzusetzen.
muß man immer bereit sein auch bei Mißerfolgen nie aufzugeben.

*Partizipialsatz, Infinitivsatz* — 56

**3** Schreib die Infinitivsätze aus den Texten heraus, unterstreiche die Erweiterungen der Infinitive.

**Entschuldigung**
US-Präsident George Bush hatte zum Ende seiner Amtszeit Gelegenheit, sein weiches Herz zu beweisen. Ohne zu zögern, unterschrieb er die Entschuldigung für zwei Teenager, die den Unterricht schwänzten, um den Präsidenten bei seinem Besuch der Militärakademie von West Point begrüßen zu können. Den Text hatten die beiden vorbereitet. Bush brauchte nur noch zu unterschreiben. Einfach sei es nicht gewesen, die Lehrer und Klassenkameraden von der Echtheit der Unterschrift zu überzeugen, berichteten die beiden 14jährigen später.

**Bombige Stimmung**
Die Aufforderung seines Lehrers, ein Erinnerungsstück aus dem Zweiten Weltkrieg mitzubringen, nahm ein Schüler im englischen Manchester wörtlich: Zur nächsten Geschichtsstunde erschien er mit einer Zehnkilobombe unter dem Arm in der Klasse. Sofort wurde die Schule evakuiert. Sprengmeister transportierten die Bombe ab, um sie in sicherer Entfernung zur Explosion zu bringen. Kein Verständnis für die ganze Aufregung hatte der junge „Bombenexperte": Die Bombe sei ein altes Erbstück der Familie.

## Die wichtigsten grammatischen Begriffe in diesem Heft

| *Lateinisch, Deutsch:* | *Englisch:* | *Französisch:* |
|---|---|---|
| Hauptsatz | main clause | la proposition principale |
| Gliedsatz | subordinate clause | la proposition subordonnée |
| | | |
| Subjekt, Satzgegenstand | subjecte | le sujet |
| Prädikat, Satzaussage | verb | le verbe |
| Prädikativ, Gleichsetzungsgröße | predicative noun/adjective | l'attribut du sujet |
| Objekt, Satzergänzung | objecte | le complément d'objet |
| Adverbiale Bestimmung, Umstandsbestimmung | adverbial | le complément circonstanciel |
| Attribut, Beifügung | attribute | le complément du nom |
| | | |
| Relativsatz | relative clause | la proposition relative |
| Adverbialsatz | adverbial clause | la circonstancielle |
| Temporalsatz | temporal clause | la circonstancielle de temps |
| Kausalsatz | causal clause | la circonstancielle de cause |
| Finalsatz | final clause | la circonstancielle de but |
| Konditionalsatz | conditional clause | la circonstancielle de condition |
| Konsekutivsatz | consecutive clause | la circonstancielle de conséquence |
| Konzessivsatz | concessive clause | la circonstancielle de concession |
| | | |
| Satzreihe | coordinated sentences | la juxtaposition |
| Satzgefüge | complexe sentence | la phrase complexe |

# Lösungen

## Satzglieder

Nachmittags geht Peter... 5 Satzglieder – Viele Jugendliche treffen sich... 4 Satzglieder – Die Passanten staunen... 3 Satzglieder

## Subjekt

**1** Der Esel, der Elefant, die Lerche, der Löwe, die Unke, der Uhu

**2** Die Schülerinnen und Schüler – Alle Schüler – du – die Lehrerin – ich – wir

**3** Ich erteile... – Ich suche... – Wir suchen...

**4** der Sonnenschein – Temperaturen – die „Nordlichter" – Wetter

**5** ich (Personalpronomen) – wir (Personalpronomen) – ich (Personalpronomen) – Ast (Nomen) – Ich (Personalpronomen) – Ich (Personalpronomen) – Ich (Personalpronomen) – Ich (Personalpronomen) – Eltern, Bruder, Freundin (Nomen) – Sie (Personalpronomen) – Ich (Personalpronomen) – Er (Personalpronomen) – Er (Personalpronomen) – ich (Personalpronomen) – sie (Personalpronomen) – ich (Personalpronomen) – ich (Personalpronomen) – Eltern (Nomen) – Du (Personalpronomen) – Ich (Personalpronomen) –ich (Personalpronomen) – Du (Personalpronomen) – Du (Personalpronomen)

**6** Jeder (Pronomen) – Morgenstund' (Nomen) – Schwalbe (Nomen) – Sich regen (Verb) – Frisch gewagt (Verb) – Anfang (Nomen) – Schuster (Nomen) – Der Apfel (Nomen) – Rosen, Tulpen, Nelken, alle Blumen (Nomen) – eine Blume (Nomen) – die (Demonstrativpronomen)

## Subjektsatz

**1** Wer nicht hören will – Wer A sagt – Wer anderen eine Grube gräbt – Wer rastet – Wer nichts gelernt hat

**2** Wer Haustiere hält – daß die Tiere in einem 80 Hektar großen Natur- und Vogelschutzgebiet der Stadt zwischen 20 und 6 Uhr auf Jagd gehen – Wer sich nicht daran hält – wer Lust hat – daß eine Frau in London tausend Pfund verloren hat – daß der Ätna ausgebrochen ist
Insgesamt: 6 Subjektsätze

## Prädikat

**1** Der Frosch quakt. Das Pferd wiehert. Der Spatz piept. Der Hund bellt. Die Biene summt. Die Katze schnurrt.

**2** Esther und Daniela sind Freundinnen. Sie gehen in dieselbe Klasse. Esther ist besonders gut in Sport. Ihre Freundin liest gern Bücher. Sie schreibt gute Deutschaufsätze. Beide Mädchen helfen sich bei den Schularbeiten. Sie sind auch nachmittags oft zusammen. In den Ferien gehen beide oft schwimmen. Esther kann auch surfen. Daniela sieht ihrer Freundin dabei zu.

**3** Drachenflieger schlug – Adler hat attackiert – König der Lüfte hatte gerechnet – Hobbypilot startete und schlug – Der Insbrucker Drachenflieger konnte landen – der Drachenflieger flog – der fühlte sich bedroht – Raubvogel schlug – er verfing sich und stürzte sich – Flieger setzte an – Adler suchte
5 zweiteilige Prädikate

**4** Heißluftschiff mußte notlanden – Pilot hatte bemerkt – Naht war eingerissen – Polizei berichtete – Mann heizte nach / konnte vermindern – Notlandung glückte – Pilot und eine Begleiterin blieben – Sachschaden entstand
5 zweiteilige Prädikate

**5** Kätzchen sind zu verschenken – Rauhhaardackel ist entlaufen – Koch wird gesucht / Wohnung ist vorhanden

## Prädikativ

**1** ist weltberühmt – war eine schöne Frau – wurde die Gemahlin – war die Mutter – spannend ist

**2** ist einer von 14 Preisträgern – scheint besonders begabt – wurde der Beste – sei ein gefragter Ratgeber

**3** Petra (Nomen) – Schülerin (Nomen) – gut (Adjektiv) – Freund (Nomen) – das, was man einen guten Kumpel nennen kann (Prädikativsatz) – Tierärztin (Nomen) – Pilot zu werden (Infinitiv) – süß (Adjektiv) – grausam (Adjektiv)

**4** lieb (Adjektiv) – die Affen (Nomen) – Frau (Nomen) – flüssiger (Adjektiv) – überflüssig (Adjektiv)

**5** Carsten ist 15 Jahre alt. Carsten ist Gitarrenspieler. Carsten ist Spaßmacher. Carsten wird später vielleicht ein berühmter Musiker.

**6** Carsten (Subjekt) Musiker (Prädikatsnomen) – Vater (Subjekt) Lehrer (Prädikatsnomen) – Großvater (Subjekt) Kaufmann (Prädikatsnomen)

## Objekt

**1** Er besitzt eine Handwerker-Hobelbank. Er hat sich kürzlich einen Parallelschraubstock gekauft. Zum Geburtstag bekam er von meiner Mutter eine Tisch- und Säulenbohrmaschine. Ich schenkte ihm einen Bohrmaschinenkoffer.

**2** Peter ist geschickt, er zeigt uns ein Kaninchen. Verena kann mit einer Hand einen Wolf zeigen. Unser Lehrer gebraucht beide Hände. Erkennst du den Elefanten?

**3** ihren Lohn (Akkusativ-Objekt) – den Pfennig (Akkusativ-Objekt) – des Talers (Genitiv-Objekt) – der Folgen (Genitiv-Objekt) – jeder Beschreibung (Genitiv-Objekt) – der Stimme (Genitiv-Objekt) – seine Schüler (Akkusativ-Objekt) – mit euch (präpositionales Objekt) – Arbeit (Akkusativ-Objekt)

**4** Schollen (Akkusativ-Objekt) – Makrelen (Akkusativ-Objekt) – Uns (Dativ-Objekt) – Natürlichkeit und Herzlichkeit (Akkusativ-Objekt) – Tätigkeit (Akkusativ-Objekt) – Ihnen (Dativ-Objekt) – Aufgabe (Akkusativ-Objekt) – Berufsfremde (Akkusativ-Objekt) – Akkordeons, Handorgeln sowie Holz- und Blechblasinstrumente (Akkusativ-Objekt) – Anfänger (Dativ-Objekt) / Akkordeonunterricht (Akkusativ-Objekt)
Insgesamt: 8 Akkusativ-Objekte und 3 Dativ-Objekte

**5** Mädchen/die Jungen – 27,7 Prozent der Schülerinnen und 26 Prozent der Schüler/das Abitur – 38,7 Prozent der Mädchen und 32,7 Prozent der Jungen/den Realschulabschluß – 33,6 Prozent der Mädchen und 41,2 Prozent der Jungen/die Hauptschule

**6** Chef/Angestellten – es/mir – ich/Sie – Sie/mich – ich/nichts

**7** Wolf/ein Schaf – Hirt/ihm, einen Stein – Hirt/ihn – Blumen/darüber – Blumen/zueinander – er/dem Wolf – der/uns, nichts – der/Schafe – die/uns

**8** Transitive Verben: fragen, bitten, retten, zerstören.
Intransitive Verben: antworten, danken, befehlen, drohen, gehorchen, helfen, schaden

## Objektsatz

**1** ... wie der Besiegte aussah! – ... was Sie unter meinen Aufsatz geschrieben haben. – ... daß du deutlicher schreiben sollst. – ... daß mein Sohn sehr originelle Einfälle hat? – ... daß die Klingel nicht funktioniert.
Insgesamt: 5 Objektsätze

**2** Objekte: einen Sohn, den Namen, wohlklingenden Namen, allen, das Kind
Objektsätze: ... wie das Kind heißen soll. ... daß das Enkelkind nach seinem verstorbenen Opa *Florian* genannt wird.

**3** Die Mutter fragt Kerstin, wo sie heute abend ist. Kerstin sagt, daß sie heute abend bei Tanja sei. Die Mutter fragt, wer sonst noch zu Tanja komme. Kerstin antwortet, daß viele Schülerinnen aus der Klasse kommen. Die Mutter fragt, wann sie zurückkommt. Kerstin antwortet, daß es spätestens um 23.00 Uhr sein werde. Die Mutter sagt, daß sie Kerstin um 23.00 Uhr mit dem Auto abholen werde.

**4** Sie erzählt ihr, daß sie in Hamburg war – daß sie einen Schaufensterbummel gemacht hat – daß sie sich ein schickes Polo-Shirt gekauft hat – daß sie es an ihrem Geburtstag anziehen wird – daß sie viele Freunde zum Geburtstag eingeladen hat.
Sie hofft, daß ihre Freundin auch kommt.

**5** Der Junge fragt, ob er sie morgen mal anrufen kann. Monika sagt, daß ihre Telefonnummer im Telefonbuch steht. Der Junge fragt, wie sie mit Nachnamen heißt. Monika sagt, daß ihr Nachname neben der Telefonnummer steht.

## Adverbiale Bestimmung

**1** Ich möchte ins Verkehrsmuseum gehen. Dort kann man... Sie fuhr von Nürnberg nach Fürth. Ich würde lieber ins Dürerhaus gehen. Es steht in der Altstadt.

**2** Heute – am Tage – nachts – Heute – Morgen

**3** Während der Klassenarbeit (Adv. Best. der Zeit) – Bis jetzt (Adv. Best. der Zeit) – richtig (Adv. Best. der Art und Weise) – vor Aufregung (Adv. Best. des Grundes) – Bei gutem Wetter (Adv. Best. der Bedingung) – Im Falle einer Verspätung (Adv. Best. der Bedingung) – Wegen Renovierung (Adv. Best. des Grundes) – herzlich (Adv. Best. der Art und Weise) – auf dem Sportplatz (Adv. Best. des Ortes) – Anschließend (Adv. Best. der Zeit) / zu Peter (Adv. Best. des Ortes)

**4** Adv. Best. der Art und Weise: 4, 11, 14, 17
Adv. Best. der Zeit: 1, 3, 9, 12, 13, 15, 16, 18
Adv. Best. des Ortes: 2, 5, 6, 7, 8, 10

**5** am Mittwoch (Adv. Best. der Zeit) – in der Bretagne (Adv. Best. des Ortes) – mit Kameraden (Adv. Best. der Art und Weise) – zur Wegabkürzung (Abv. Best. des Zweckes) – über eine Schienenstrecke (Adv. Best. des Ortes) – wegen des Kopfhorers (Adv. Best. des Grundes) – auf den Ohren (Adv. Best. des Ortes) – nicht mehr rechtzeitig (Adv. Best. der Zeit) – auf der Stelle (Adv. Best. des Ortes)

## Adverbialsatz

**1** Obwohl „Frauchen" Nicole... (Konzessivsatz) – Als die Dogge... (Temporalsatz) – damit er ihr... (Finalsatz) – wenn sie ihre... (Konditionalsatz) – daß Nicole... (Konsekutivsatz)

**Lösungen**

**2** Die Deutschlehrerin kam in die Klasse, als (während) alle Schüler aufgeregt waren, als viele durcheinander schrien, als einige ihr Pausenbrot aßen, als Michael die Fenster aufmachte.

**3** ...als der alte Herr am Steuer seiner schweren Limousine eine Herzattacke erlitt und zusammenbrach. Als das Kind merkte... Nachdem sie mit dem Auto einen Kellereingang und eine Hausmauer gestreift hatte... (3 Temporalsätze)

**4** Sie freut sich, weil sie eine Eins geschrieben hat, weil die Lehrerin sie gelobt hat, weil sie morgen Geburtstag hat, weil sie viele Geschenke bekommt, weil der Opa kommt.

**5** ...weil er in der vorgeschriebenen Arbeitszeit nicht alle Zustellungen erledigen konnte. ...weil er Angst hatte. ...da sie Tollwut haben könnten. (3 Kausalsätze)

**6** Silke beeilt sich, damit sie nicht zu spät kommt, damit sie den Bus nicht verpaßt, damit die anderen nicht warten müssen, damit sie nicht die letzte ist.

**7** ...damit die Nerven der Eltern nicht überstrapaziert werden. ...damit sich die Kinder intensiv bewegen können. ...damit Sie in Verbindung bleiben. (3 Finalsätze)

**8** Silke hat diesmal eine schlechte Klassenarbeit geschrieben, obwohl sie viel gelernt hat, obwohl sie nicht aufgeregt war, obwohl sie genug Zeit hatte, obwohl das Thema nicht schwer war.

**9** wenn du mal die Augen zumachst (Temporal) – Wenn meine Tante Räder hätte (Konditional)

## Attribut

**1** Bremer (Adjektiv) – deutsche (Adjektiv) – im Straßenverkehr (Präposition + Nomen) – gegen den Krebs (Präposition + Nomen) – deutsche (Adjektiv) – des Kölner Doms (Nomen im Genitiv) – Kölner (Adjektiv) – Amerikas (Nomen im Genitiv)

**2** freundliche (Adjektiv) – gute (Adjektiv) – übertariflich (Adjektiv) – interessanter, abwechslungsreicher (Adjektiv) – Kfz. (Nomen) – abgeschlossene (Adjektiv) – neuen (Adjektiv) – in Münster (Präposition + Nomen) – zuverlässige, freundliche und selbständige arbeitende (Adjektiv) – unsere (Possessivpronomen) – zuverlässige, freundliche (Adjektiv) – für Assistenz oder Rezeption (Präposition + Nomen) – übertarifliches (Adjektiv) – günstige (Adjektiv) – interessantes (Adjektiv)

**3** Katja, liebe (Adjektiv) – Geburtstag, Deinem (Possessivpronomen) – Glückwünsche, herzlichsten (Adjektiv) – Freundinnen, Deinen (Possessivpronomen) – Geburtstagsparty, große (Adjektiv) – Geschenk, kleines (Adjektiv) – Kette, goldene (Adjektiv) – Eltern, deine/lieben (Possessivpronomen/Adjektiv) – Dein Patenonkel (Possessivpronomen + Nomen)

## Attributsatz

weltweit längste / die die Besucher des Erfurter Krämerbrückenfestes am Wochenende verzehren konnten. – zwei von zahlreichen / die aus dem Tierheim Lingen in verantwortungsbewußte Familien abgegeben werden sollen – um klein bleibende / die aus insgesamt vier Würfen stammen – vier / die auf der Suche nach dem Monster am Wochenende den trüben schottischen See durchforschten – konkrete / die das Bestehen des mysteriösen Wesens belegen

## Hauptsatz / Gliedsatz, Attributsatz

**1** Weil sie mir dafür auch einen tollen Mantel gegeben <u>hat</u>. ... als der vorbeikommende Arzt sie <u>fragt</u>. Weil er noch nicht die Schlaftablette genommen <u>hat</u>, die Sie ihm verordnet <u>hatten</u>. ... als ihr plötzlich ein Junge von hinten die Augen <u>zuhält</u>. Wenn du es nicht <u>errätst</u> ...

**2** Wenn die Liebe nicht <u>wäre</u>. ... der in seinem Käfig <u>sang</u>. Wenn du nicht singen <u>könntest</u>. Falls du aufhören <u>willst</u>... das rechte Pedal <u>ist</u> die Bremse (daß das rechte Pedal die Bremse ist)

**3** Wenn Hund <u>kommt</u>... Wenn keine Hilfe <u>kommt</u>... die ein Berliner Hausbesitzer auf seinem Grundstück aufgestellt <u>hat</u> ...daß ihnen hier keine Gefahr <u>droht</u>. Als er nun aber den Schatten des Fleisches im Wasser <u>sah</u>... ...es <u>sei</u> auch Fleisch (daß es auch Fleisch sei). Da er aber das Maul <u>auftat</u>...

## Satzreihe / Satzgefüge

**1** Unverhofft... eingenistet hatten. – Durch die Wärme... mußten. – Aber schon... einfallen.

**2** die beim Tanzen im Gleichtakt sprangen – die sich durch die heftigen Erschütterungen gestört fühlten

**3** das man seit Jahresbeginn für 25 Dollar in US-Spielzeuggeschäften kaufen kann – was die Mathematik angeht – denen das Selbstbewußtsein fehlt

**4** ...als ein Wellensittich in ihren Garten flog und sagte... Mit diesen Worten ließ sich der Vogel auf ihrer Hand nieder, indem er hinzufügte... Als die Frau mit dem Besitzer telefonierte, staunte sie... Die Stimme von Herrn Bendon, 72, der „Pippy" das Sprechen beigebracht hatte, war...

**5** Simone wurde meine Banknachbarin. Ich lernte sie im 5. Schuljahr näher kennen, obwohl wir... Jetzt sehen wir uns... bei ihr. Wir fahren zusammen in die Stadt. Dort bummeln wir und essen auch mal ein Eis. Simone gibt dafür immer gern ihr Taschengeld aus. Ich finde Simone sehr nett. Mit ihr kann man über alles reden. Sie lacht mich nicht aus... Bruder habe. Wenn sie in der Schule... herab. Sie muntert mich auf ...schreiben werde

## Partizipialsatz, Infinitivsatz

**1** Hast du Lust zu kommen? Hast du Lust, <u>heute</u> zu kommen? Hast du Lust, <u>zur Fete</u> zu kommen? Hast du Lust, <u>Musik</u> zu hören? Hast du Lust zu tanzen?

**2** ...muß man immer bereit sein zu üben. ...muß man immer bereit sein, <u>Freizeit</u> zu opfern. ...muß man immer bereit sein, <u>sich</u> einzusetzen. ...muß man immer bereit sein zu trainieren. ...muß man immer bereit sein, <u>hart</u> zu trainieren. ...muß man immer bereit sein zu kämpfen. ...muß man immer bereit sein, <u>mit ganzem Einsatz</u> zu spielen. ...muß man immer bereit sein, <u>seine letzten Kräfte</u> einzusetzen. ...muß man immer bereit sein, <u>auch bei Mißerfolgen</u> nie aufzugeben.

**3** ...<u>sein weiches Herz</u> zu zeigen. <u>Ohne</u> zu zögern... ...<u>um den Präsidenten bei seinem Besuch der Militärakademie von West Point begrüßen</u> zu können. ...<u>die Lehrer und Klassenkameraden von der Echtheit der Unterschrift</u> zu überzeugen...
...<u>ein Erinnerungsstück aus dem Zweiten Weltkrieg</u> mitzubringen... ...<u>um sie in sicherer Entfernung zur Explosion</u> zu bringen.

## Textquellennachweis

Brecht, Bertolt: Es war einmal ein Rabe ... In: Brecht, Bertolt, Gedichte und Lieder. Frankfurt a.M.: Suhrkamp Verlag 1961.
Busch, Wilhelm: Der Esel ist ein dummes Tier. In: Bohne, F. (Hg.), Historisch-kritische Gesamtausgabe. Hamburg: Standard Verlag 1959.
Kirsten, Rudolf: Der Wolf brach ... In: Hundertfünf Fabeln. Zürich: Logos Verlag 1960.
Luther, Martin: Vom Hunde. In: Lebensgut. o.O.u.J.

## Bildquellennachweis

W. Braun, Andernach: S. 6; Bundesarchiv, Bonn: S. 20 (ADN/Hirschberger); dpa, Frankfurt: S. 8 (Haid), S. 16 (Hellmann), S. 39 (Eberth); M. Fingerhut, Jossgrund: S. 17; D. Lübke, Meppen: S. 7, 13, 26, 28, 30, 36, 37, 38, 46; Meppener Tagespost: S. 45, 49, 55; Ostfries. Nachrichten: S. 34; Süddeutscher Verlag Bilderdienst, München: S. 4 (AP), S. 10 (Schäfer), S. 19 (Oehmig), S. 44 (dpa/epa); Sv. Simon, Essen: S. 12.